박문각

오성범
진도별로 푸는 감정평가이론

오성범 편저

2차 | 기출문제 핸드북 제2판

8년 연속
★ 전체 수석
합격자 배출

박문각 감정평가사

브랜드만족
1위
박문각

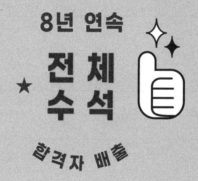

차례

CONTENTS

PART

01

문제분석 및 논술방법

Chapter 01

문제분석 및 논술방법

I 학문적 글쓰기와 감정평가이론의 관련성

1. 학문적 글쓰기의 의의

학문적 글쓰기, 즉 논문이란 ① 연구문제를 설정하고, ② 연구방법을 계획하며, ③ 자료를 수집·분석하여, ④ 논리적인 해석과 결과를 제시하는 보고서를 의미합니다. 학문적 글쓰기는 학문을 학습하기 위한 기본능력이자, 석·박사 학위취득을 위한 기초이고, 더 나아가 의사소통의 기법이자 삶의 도구라고 할 수 있습니다.

2. 논문의 기본요소

학문적 글쓰기가 성립하기 위해서는 ① 연구문제, ② 연구문제에 대한 이론적 배경, ③ 자료수집 및 분석, ④ 연구문제의 해답 및 결론을 제시해야 합니다.

3. 논문의 요구사항

1) 형식성

학문적 글쓰기가 되기 위해서는 ① 논문의 구성, ② 논문의 형식을 준수해야 하며, ③ 용어의 인용 및 출처 표기가 정확해야 합니다.

2) 독창성

논문의 내용은 독창적이어야 하며, 이를 위해서는 기존의 선행연구에 대한 철저한 분석이 요구됩니다.

3) 기여도

논문의 형식성과 내용의 독창성은 사회에 기여할 수 있어야 합니다.

4. 논문의 단계별 난이도

일반적으로 학부논문에서는 형식성을 중심적으로 심사하며, 석사논문은 형식성을 기본으로 하되 독창성과 기여도가 있어야 하며, 박사논문은 형식성, 독창성을 기본으로 하되 기여도가 높아야 합니다.

5. 학문적 글쓰기와 감정평가이론 시험의 관련성

감정평가이론 시험의 형식은 100분의 논술시험의 형태를 채택하고 있으며, 내용과 형식 면에서 학문적 글쓰기 능력을 요구하고 있다고 판단됩니다. 따라서 논문의 기본요소, 요구사항, 단계별 난이도는 감정평가이론 시험에도 일정 정도 적용될 수 있을 것입니다.

1) 논문의 기본요소와 감정평가이론 시험범위

감정평가이론은 재화의 가치형성원리 및 감정평가방법에 대한 과목이며, 공식적인 시험범위는 ① 감정평가의 기초이론, ② 감정평가의 응용이론, ③ 감정평가 3방식, ④ 감정평가 기타방식, ⑤ 물건별 감정평가, ⑥ 목적별 감정평가입니다. 그리고 감정평가의 응용이론에서 부동산투자, 부동산금융, 부동산정책, 부동산권리론 등이 출제되어 공부 범위가 매우 넓다는 것이 특징입니다.

즉, 감정평가이론 시험은 감정평가이론과 3방식의 이해를 넘어서, 이를 활용한 현실적인 문제 해결능력을 요구하고 있으며, 수험자는 ① 연구문제를 설정하고(문제의 분석), ② 연구문제에 대한 이론적 배경을 제시하며(기본이론의 서술), ③ 연구문제의 해답 및 결론을 제시할 수 있어야 합니다.

2) 논문의 요구사항과 감정평가이론 서술방법

논문의 완성도는 형식성, 독창성, 기여도를 통해 판단하나, 학위별 논문에서 요구하는 수준이 상이합니다. 감정평가이론에서 요구하는 답안의 완성도는 학부논문과 석사논문의 중간수준으로서, 기본적으로 답안의 형식성을 갖추되 내용의 독창성에 대한 추가적인 배점이 있음을 알 수 있습니다.

6. 바람직한 감정평가이론 답안작성방법

감정평가이론 시험은 감정평가이론에 대한 명확한 이해와 더불어 형식성, 독창성을 갖춘 학문적 글쓰기 능력을 요구하고 있습니다. 따라서 기본 내용에 대한 학습을 마친 수험자는 답안 작성연습을 시작하기 전에 ① 문제분석, ② 답안의 기본 형식, ③ 답안의 논리적 구성에 대한 기본적인 학습을 선행하는 것이 바람직하다고 판단됩니다.

"모든 시험은 짧은 시간적 제약 속에서 치러지므로 알고 있는 것보다 쓰는 능력이 더 중요해져서 수단과 목적이 도치될 위험까지 도사리고 있다."(출제위원 강평)

II 감정평가이론 논술기초 세우기

1. 감정평가이론 답안작성 순서

감정평가이론 시험의 답안작성은 일반적으로 ① 문제분석, ② 목차구성, ③ 답안서술의 순서로 이루어지며, 이는 학문적 글쓰기 방법과 유사합니다. 각 단계의 기초적인 사항은 출제위원의 강평을 통해서 충분히 확인할 수 있습니다.

2. 문제분석: 논점의 정확성

문제분석의 시작은 문제유형을 파악하는 것입니다. 시험의 문제유형은 크게 설명형과 논술형으로 구분할 수 있습니다. 설명형은 ① 기본형, ② 관련형, ③ 관계형, ④ 영향형, ⑤ 비교형, ⑥ 사례형으로 세분할 수 있고, 논술형은 ① 기본형, ② 대립형으로 세분할 수 있습니다.

문제분석 관련 주요 출제위원 강평

- 문제를 이해하고 꼭 맞는 답을 쓸 수 있는, 동문서답을 하지 않을 정도의 사람은 비율이 적었다.
- 문제가 마샬의 가치이론과 감정평가 3방식의 관계가 아닌데도, 너무 여기만 언급한다. 3방식과의 관계를 논급, 즉 논하던 김에 빠뜨리지 말고 논하라는 것이다. 답안의 주종을 혼동한 것이다.
- 영향에 대해 설명하는 문제이지, 지식을 나열할 것을 요구하지 않았다.
- 수익성 부동산의 평가절차에 대한 질문으로 일반적인 과정인 순수익, 환원이율의 결정 및 환원방법의 선정에 대해서 기본적인 사항을 알고 있나 하는 것이다. 그런데, 다수의 수험생이 일반적인 평가절차의 문제와 혼동하고 있었다. 즉, 「감정평가에 관한 규칙」에서 규정하고 있는 일반적인 감정평가절차에 대해서 주로 서술하고 부차적으로 수익성 부동산의 평가에 대해서 서술하는 수험생이 다수 있었다.
- 재무관리이론으로서의 옵션에 대해서 묻는 것이 아니라, 옵션이론이 부동산과 결합되었을 때, 어떻게 적용되느냐 하는 것이다. 다수의 수험생이 일반 옵션이론에 대해서는 잘 이해하여 서술하였지만, 이를 부동산 평가와 접목시키는 데는 다소 부족해 보인다. 핵심은 부동산 투자와 관련한 옵션의 정의 및 평가방법 또는 유의사항 등이 주요 내용인데, 부차적인 내용으로 대부분의 지면을 채운 답안이 다수 있었다.
- 아무리 10점짜리 문제라 하더라도 논점의 체계적인 정리가 필요하다. 수험생들이 가볍게 생각할지 모르나, 합・불합격은 이러한 데서 결정된다. 보너스 문제를 놓친다면 합격을 기대하기 힘들다.
- 시장가치 정의의 통계학적 의미를 시장가치의 표현방법과 관련하여 설명하는 것도 매우 미흡한 답변이 많았고, 질문을 이해하지 못했던 답안도 다수 있었다고 판단된다.
- 소문항은 재건축정비사업에서 발생하는 여러 평가 중 매도청구소송목적의 감정평가에 대한 이해를 묻는 문제이다. 이 문제 역시 문제의 핵심보다는 일반적인 정비사업 및 재건축사업에 대해 서술하는 경우가 많았다.
- 문제의도를 정확히 파악한 답안과 단순한 이론적 지식만을 가지고 서술한 답안과의 변별력이 매우 컸던 채점과정이었다.

- 집합건물이 아닌 토지 및 건물로 구성된 부동산의 평가와 관련하여 감정평가에 관한 규칙에서 규정하고 있는 원칙적인 평가방법, 근거 및 그 정당성에 대해서 묻고 있습니다. 원칙적인 평가방법에 대해서는 대다수 수험생들이 제대로 썼지만, 그 근거 및 정당성에 대해서는 제대로 논하지 않은 수험생들이 많았습니다. ▸ 기출 제26회 1번
- 토지에 대한 조건부평가 및 해당 사항의 판단과 관련하여 조건부평가에 대한 이론적 내용은 대다수 수험생들이 기술하였습니다. 그러나 해당 사안을 구체적으로 판단하는 것과 관련하여서는 제대로 판단하지 못한 사람이 많았습니다. 결과적으로 수험생들이 교과서나 수험서의 내용을 그대로 외워 적는 것에는 익숙하지만, 해당 제도의 목적이나 취지에 대한 깊은 이해가 부족하다고 판단됩니다.
- 이론적인 내용만을 기술한 형태가 많았고, 제시된 사례와 이론과의 관련성을 언급하면서 기술한 답안의 비율은 그다지 높지 않았습니다. 일반적인 이론만을 기술해서는 안 되고, 논점을 정확하게 파악하여 기술해야 하며, 답안의 내용이 물음에서 요구하는 내용에 가능한 한 맞도록 기술해야 합니다.
- 전반적으로 문제에 대한 종합적이고 논리적인 접근보다는 암기사항을 기술하는 데에 그친 수험생들이 있어 아쉬움이 있습니다.
- 상호관련성의 비교인바, 영업권과 상가권리금이 유사하면서도 서로 다른 특징을 가지고 있기 때문에 이에 대한 설명이 요구됩니다. 마지막으로 영업권과 상가권리금의 평가방법과 평가상의 한계나 어려운 점에 대한 구체적인 설명이 요구됩니다. ▸ 기출 제28회 4번
- 본 문제는 후분양제 도입이 논의되는 사회적 이슈를 다루면서도 주어진 정보와 최유효이용의 관점을 고려하여 감정평가사가 객관적이고 과학적이며 논리적으로도 타당하게 토지의 가치를 평가하는 자세와 태도를 가져야 함을 강조하는 문제입니다. 따라서 소지, 조성된 택지, 건축공사가 진행되는 사업부지 등 토지에 집중하여 문제가 요구하는 논점을 충분히 파악하고 핵심적인 내용을 논리적으로 정리하여 설명하는 기술이 요구됩니다. 일부 수험생들이 지나치게 주택분양방식 자체를 설명하는데 많은 답안분량을 할애한 점은 다소 아쉬움으로 남습니다. ▸ 기출 제30회 1번

3. 답안구성

1) 목차의 체계성 · 논리성

답안의 목차구성은 학문적 글쓰기에서 형식성에 해당합니다. 논문의 형식성이 학위 수준과 상관없이 모든 논문의 기본에 해당하는 사항이듯, 감정평가이론 답안의 목차 구성 역시 시험의 당락이 아닌 수험자의 기본 자질에 해당하는 사항입니다.

답안구성 관련 주요 출제위원 강평

- 감정평가이론 과목의 주된 목표는 평가전반에 대한 명확한 용어사용, 평가방식의 적용, 부동산 시장변화에 대한 분석능력, 감정평가사로서 펼쳐진 사상에 대한 정리와 논리적인 기술능력 등을 평가하는데 있다.
- 대부분의 수험생들이 교과서에 있는 내용을 옮겨 놓은 듯한 형태의 답안이 많았고, 개론책 등에서 나오는 너무나 일반적인 내용을 기술한 답안도 많았다. 출제자는 상황을 주었고, 그 상황을 잘 해석하고, 최종적으로 묻고자 하는 것이 무엇인가에 집중해야 한다. 이론적이고 교재에 있는 내용을 가지고, 그 상황을 설명하기 위한 논리적인 나름대로의 구성이 필요하다.
- 답안의 체계만 잘 짜여진다면, 논술은 실타래가 풀어지듯 풀려나간다.
- 목차 공부의 중요성은 아무리 강조해도 지나치지 않다.
- 답안의 항목은 순서대로 기술되어야 하는 것이지, 아무런 이유 없이 뒤바뀌어서는 안 된다. 주어진 문제 그대로 제목을 잡아라.
- 내용의 질적 비교에 들어가기도 전에 목차를 통해 선험적으로 내용의 질에 대한 선별이 이루어질 수 있다는 점이다.
- 형식 논리도 내용 못지 않게 중요하다. 논점을 문단 중심으로 표현하는 요령을 숙지해야 한다.
- 이해의 깊이와 아울러 논리적 서술 능력을 검증하고자 한다. 어떤 문제에 대해 알고 있다는 것과 알고 있는 것을 올바르게 서술하여 남에게 전달하고 납득시키는 것은 서로 다른 문제이므로 아는 것 못지 않게 서술의 형식논리를 이해하는 것이 중요하다. 더구나 수험생 대부분이 주어진 문제에 대한 지식에서 큰 차이가 없다고 할 경우에는 형식 논리가 결과를 좌우하게 될 수도 있으므로 더욱 중요하다.
- 시장의 여러 요인들과 특성을 전체적으로 서술하고, 그 속에서 자본 시장의 이자율을 강조해야 할 것이다.
- 제도 도입이 부동산 시장에 미칠 영향에서 부동산 시장의 의의 또는 개념을 설명한 것은 좋았다. 이 부분이 없으면 논문에서 논리의 비약이 생긴다.
- 본 문제는 보유세의 인상이 부동산 시장에 미치는 영향을 묻는 문제입니다. 매매 및 임대시장에 미치는 영향에 대해서 논리적인 설명을 요구하고 있습니다. 결과 및 그 결과가 도출되는 인과관계를 정확히 설명하는 것이 본 문제의 핵심입니다. 많은 수험생들이 수험서에 나오는 특정한 내용이나 도표를 그대로 기술하거나 도표를 그렸습니다. 그렇지만 인과관계를 제대로 이해하지 못하는 수험생들이 많았습니다. 기본적인 내용을 이해하고 이것을 스스로 논리적으로 설명할 수 있어야 하겠습니다.

  ▸ 기출 제26회 4번

- 약술을 용어설명으로 간단히 처리했다면 점수가 낮았을 것이다.

  예 의무와 책임을 설명하라 → 의무와 책임이 강조되는 이유
- 대부분의 수험생들이 간단한 이론의 전개만 하지, 그 이론의 배경 및 특성과 관련된 토지 문제와의 언급은 거의 없다.
- 항목 간에는 유기적으로 연결되어 있어야 한다.
- 일목요연한 제목의 정리가 필요하다.

2) 배점의 합리성

배점이란 하나의 목차에 대한 서술 분량을 말합니다. 학문적 글쓰기의 기본 요소에는 포함되지 않으나, 분량이 한정되어 있는 논술시험의 특성과 공정한 채점을 위해 요구되는 사항입니다.

답안구성 관련 주요 출제위원 강평

- 채점자는 배점 기준을 따를 뿐이고, 수험생에게 동정을 베풀지 아니한다.
- 문제마다 고루고루 점수가 분포될 때 좋은 점수를 기대할 수 있다.
- 제한된 시간 내에 주어진 주제를 중심으로 논리적 서술을 하기 위해서는 형식논리를 이해하고 이에 맞추어 글의 분량을 조절할 수 있어야 한다.
- 목차와 서술의 길이에 대한 감각이 없이 작성에만 몰두하다 보면 본인이 잘 알고 있다고 생각하는 부분에서 불필요하게 서술이 길어져 핵심이 되는 중요한 부분에서는 미처 하고 싶은 말을 다 하지 못하는 경우가 발생할 수 있기 때문이다.
- 너무 세분된 분설 방법은 산만한 감을 줄 수도 있으니 각별한 주의가 요망된다.
- 상당히 많은 수험생들이 답안작성의 균형배분감각을 잃어버리고 어느 한 문제풀이에 집착되어 있는 듯한 인상을 많이 받게 된다. 10점짜리를 그렇게 길게 쓴다고 해서 점수가 많이 나오는 것이 아니다.
- 본 문제는 조사·평가와 조사·산정을 비교하여 양자 간의 유사점과 차이점을 기술하고 나아가 전문성 판단기준이나 검증 등의 이슈까지 파악하고 있음을 보여줄 것을 요구하는 문제였습니다. 비교적 다루기 쉬운 문제임에도 시간적 배분이 안 되어 놓치거나 급히 답안을 작성한 수험생들이 일부 있었습니다.

▸ 기출 제30회 4번

4. 답안서술

1) 서술의 명확성

서술의 명확성은 학문적 글쓰기에서 '연구문제에 대한 이론적 배경 제시'와 관련되어 있습니다. 논문의 독창성이 선행연구에 대한 충분한 학습과 이해를 전제하듯이, 감정평가이론 시험 역시 감정평가이론의 기본적 내용에 대한 충분한 이해와 암기를 요구하고 있습니다.

답안서술 관련 주요 출제위원 강평

- 내용이 쉽고 간결하게 요약되어 있어야 한다.
- 지나친 상술은 문제의 핵심을 과대포장하여 논점을 다소 흐리게 한다.
- 주관식 답안작성의 기본적인 요령은 주관적 판단에 의한 주장을 피하면서, 시종일관 논지의 일관성을 유지하는 것이 바람직하다.

- 열거 정도를 요구하는 것이 아니라, 어느 정도 구체적으로 설명할 것을 요구하고 있다.
- 분량이 많은 사항에 관한 설명일수록 시간 배분을 생각하여 집중적으로 중점사항을 정리해야 한다.
- 누구든지 쓸 수 있는 기초이론이나 설명은 대담하게 절제하여 기술하는 것이 필요하다.
- 여러 가지 순서를 나타낼 때는 넘버링을 하면 이상적인 답안이라고 말할 수 있다.
- 수익성, 주거용, 공공용에서 각각 다르다. 쾌적성에서 위치, 방향 등이 누락되었음은 감점요인이다.
- 연혁과 개요와 주창자들이 기술되어 있어 평가이론서를 열심히 공부했다는 흔적을 읽을 수 있었다.
- 분량이 많은 주관식 답안지의 채점은 주로 키워드의 기재 여부가 중요한 변수로 작용하고 있다.
- 최유효이용과 최유효이용의 원칙을 구별할 줄 알아야 한다.
- 다수의 수험생은 전체적인 맥락에서 해당 문제의 논점을 대체적으로는 파악하고 있었다고 보이지만, 좀 더 정확한 개념해설과 용어선택이 필요해 보인다.
- 읽다가 문장이 어법과 어순에 맞지 않으면 기초를 의심하게 되고 후한 점수를 주지 않게 된다.
- 개념은 명확하고 정확하게 기술해야 한다. 영업권의 개념과 상가권리금의 개념이 무엇인지 명확해야 한다.
- 시간적 제한이 있다 하더라도 채점자가 답안을 알아볼 수 있는 정도의 답안 필체로 서술하고자 하는 노력도 필요하며, 중간 생략 답안과 지나친 오류 문구 정정 등의 답안도 다수 있었다.

2) 서술의 독창성

서술의 독창성은 학문적 글쓰기에서도 독창성에 해당합니다. 그러나 논문의 독창성이 석사논문 수준 이상의 요구사항이듯, 감정평가이론 시험에서도 반드시 그러한 독창성이 요구되는 것은 아닙니다. 또한, 독창성은 연구문제와의 관련성을 전제하므로, 감정평가이론 시험에서도 문제와 관련 없는 독창적 내용의 서술은 형식성이 갖추어지지 않은 기본 이하의 답안으로 인식될 것입니다.

답안서술 관련 주요 출제위원 강평

- 내용이 교과서 범위를 벗어나지 못했지만, 충분히 상위그룹에 속한다고 생각된다.
- 공부를 많이 했다는 것은 충분히 과시되지만, 득점에 별로 영향을 준다고 보기 어렵다.
- 내용이 이론적인 것이 아니라 실무적인 것이므로, 관계 조문을 충실하게 기술하는 것으로 족하다.
- 시장분석과 시장성분석은 별개가 아니다. 대상 부동산의 종류에 따라 달리 접근되어야 한다는 점도 언급이 필요하다.
- 채점기준은 의의와 요건으로 하고, 민사상의 손해배상책임과의 구별을 하는 경우 가산점을 주도록 하였다.
- 수익성 부동산 평가 시 보증금을 어떻게 처리해야 하는가 하는 문제는 실무적으로 일반적인 처리방법이 있지만, 학술적으로는 아직 논의가 진행 중인 사안이다. 다수의 수험생이 일반적인 처리 방법인

보증금운용이율을 적용한다는 데에 대해 잘 알고 서술하였지만 그 외의 다른 처리방법이 있을 수도 있다는 점은 다소 간과하고 있었다.

- 권리에 대한 가치 평가를 3방식에 따라 설명하고 규정과 업무영역의 확대에 대해 이해도 높은 제안을 해준 수험생들과 토지와 인간과의 관계에 대해 깊은 이해와 이를 표현해 준 일부 수험생들에게 고마운 인사를 드린다.

5. 감정평가이론 논술기초 세우기

감정평가이론 시험은 감정평가이론에 대한 명확한 이해와 더불어 형식성, 독창성을 갖춘 학문적 글쓰기 능력을 요구하고 있습니다. 따라서 답안 작성을 처음 연습하는 수험자라면 ① 문제분석, ② 답안구성, ③ 답안서술의 단계별로 차근차근 요령을 학습한 후에 실전 답안 작성을 연습해야 합니다.

III 감정평가이론 논술전략 세우기

「II. 감정평가이론 논술기초 세우기」에 따라서 문제분석, 답안구성, 답안서술의 기초를 학습하셨다면, 이제 「III. 감정평가이론 논술전략 세우기」를 통해서 ① 논제분석, ② 유형분석, ③ 배점구성, ④ 목차구성을 학습하실 차례입니다.
무턱대고 실전모의고사 형식으로 답안작성을 연습하면 시행착오로 이어질 수 있습니다. 문제분석과 답안구성에 대한 연습은 시간의 제약 없이 충분히 고민하고 연구하면서 완성해야 하는 수험의 영역이라는 점을 간과하지 않기 바랍니다.

논제분석 → 유형분석 → 배점구성 → 목차구성 → 답안작성

1. 논제분석

논제분석이란 출제범위를 파악하는 것으로서, 해당 문제의 내용이 감정평가이론의 전체 체계에서 차지하는 개념적 위치를 파악하는 것입니다.
감정평가이론 시험문제는 약술형 문제를 제외하고, 보통 '문장'의 형태로 제시되며, 논제는 문장의 목적어로 제시되는 경우가 많습니다. 따라서 ① 문장의 독해 → ② 논제의 파악 → ③ 논제분석의 순서로 논제를 분석하면 됩니다. 정확한 논제분석을 위해서는 필수적으로 감정평가이론의 전체 체계가 정리되어 있어야 합니다.

[① 문제] 건부감가의 판단기준과 산출방법에 대해 서술하시오. 10점 ▸기출 제13회 4번							
② 논제 파악	③ 논제분석						
	부동산의 개념	부동산 시장론	부동산 가격론	감정평가의 기초	감정평가 3방식	유형별 평가	감정평가 응용이론
			○				
건부감가			가격제원칙 ↓ 최유효이용원칙 ↓ 최유효이용분석방법 ↓ 건부감가 ↓ 판단기준/산출방법				

2. 유형분석

유형분석이란 문제에 적합한 서술방식을 파악하는 것으로서, 통상 문제의 서술어를 기준으로 판단합니다. 문제유형에 따라 목차를 구성하는 방식이 조금씩 달라지므로, 목차 구성 시 유의해야 합니다.

감정평가이론 시험문제는 "설명하라"와 "논하라"로 대분류할 수 있습니다. "설명하라"는 기존 감정평가이론의 내용을 서술하라는 것이며, "논하라"는 감정평가이론에 근거하여 본인의 생각을 논리적으로 서술하라는 것입니다. 대분류 이하의 세부적인 문제유형은 다음과 같습니다.

1) 주요 문제유형 및 목차구성방법

구분		목차구성방법
설명형 [설명하라]	기본	• [기본형 문제]는 "A를 설명하시오.", "A의 OO에 대해 설명하시오."와 같은 형식으로 출제되며, 논제에 대한 내용을 감정평가이론의 체계에 맞게 서술하는 문제입니다. • [기본형 문제]는 ① 논제의 개념적 위치를 파악하는 것이 중요하며 ② 개념체계 내에서 최대한 풍부한 내용으로 목차를 구성하는 것이 중요합니다.
	관련	• [관련형 문제]는 "A와 관련하여 B를 설명하라", "A를 중심으로 B를 설명하라", "A의 관점에서 B를 설명하라", "A에 근거하여 B를 설명하라", "A를 이용하여 B를 설명하라"와 같은 형식으로 출제되며, 2개의 논제를 동시에 제시합니다.

		• [관련형 문제]는 ① 설명의 도구가 되는 A논제를 우선적으로 서술하고 ② 서술한 A논제의 내용 중 설명의 대상인 B논제와 관련된 내용으로 목차를 구성합니다.
	관계	• [관계형 문제]는 “A와 B의 관계를 설명하라”, “A와 B의 연관성을 설명하라”와 같은 형식으로 출제되며, 2개의 논제를 동시에 제시합니다. • [관계형 문제]는 A–B의 관계가 단편적이지 않은 경우가 있으므로 ① A가 B에게 미치는 영향과 ② B가 A에 미치는 영향을 모두 고려하여야 하며, 양자의 관계를 명확하게 제시하는 목차를 구성해야 합니다.
	영향	• [영향형 문제]는 “A가 B에 미치는 영향을 설명하라”, “A가 B에 미치는 효과를 설명하라”, “A가 B에 미치는 변화를 설명하라”와 같은 형식으로 출제되며, 2개의 논제를 동시에 제시합니다. • [영향형 문제]는 ① A와 B 각각의 논제에 대해 충실히 설명한 후 ② A가 B에 영향을 미치는 단계적 과정을 중심으로 목차를 구성해야 합니다.
	비교	• [비교형 문제]는 “A와 B를 비교하여 설명하라”, “A와 B의 차이점을 설명하라”와 같은 형식으로 출제되며, 2개의 논제를 동시에 제시합니다. • [비교형 문제]는 A–B의 관계가 수평적인 경우이므로 비교기준을 중심으로 목차를 구성합니다.
	사례	• [사례형 문제]는 감정평가이론의 내용을 실제 사례에 적용할 수 있는지를 시험하는 문제입니다. • [사례형 문제]는 ① 이론적 원칙을 우선적으로 서술하고 ② 서술한 원칙의 내용을 사례에 대입한 후 ③ 사례의 해결을 제시하는 순서로 목차를 구성합니다.
논술형 [논하라]	기본	• [기본형 문제]는 통상 감정평가실무에서 논란이 있는 논제가 출제되며, 정답이 없기 때문에 “논하라”의 형태로 제시됩니다. • [기본형 문제]도 설명형 문제와 마찬가지로 문제유형에 맞게 목차를 구성하되, 최대한 다양하게 서술해주셔야 합니다.
	대립	• [대립형 문제]는 감정평가실무 및 이론에서 논란이 있는 논제가 출제되며, 정답이 없기 때문에 “논하라”의 형태로 제시됩니다. • [대립형 문제]는 ① 대립되는 견해의 의의와 한계를 서술한 후 ② 최종 결론과 근거를 제시하여야 합니다.

2) 설명형 문제 출제사례

설명형(기본)

- 「감정평가에 관한 규칙」에서 감정평가 시 시장가치기준을 원칙으로 하되, 예외적인 경우 '시장가치 외의 가치'를 인정하고 있다. 그러나 현행 「감정평가에 관한 규칙」에서는 '시장가치 외의 가치'에 대한 유형 등의 구체적인 설명이 없어 이를 보완할 필요성이 있다. 감정평가 시 적용할 수 있는 구체적인 '시장가치 외의 가치'에 대해 설명하시오. ▸ 기출 제30회 3번
- 「감정평가에 관한 규칙」에는 현황기준 원칙과 그 예외를 규정하고 있다. 예외 규정의 내용을 설명하고, 사례를 3개 제시하시오. ▸ 기출 제31회 4번

설명형(관련)

- 대체의 원칙이 감정평가과정에서 중요한 지침이 되는 이유를 부동산의 자연적 특성의 하나인 개별성과 관련하여 설명하고, 이 원칙이 협의의 가격을 구하는 감정평가 3방식에서 어떻게 활용되는지 기술하시오. ▸ 기출 제12회 2번
- 부동산의 생산성을 도시성장 및 발전과 연계하여 설명하시오. ▸ 기출 제14회 1번
- 공익사업을 위해 수용될 지구에 포함되어 장기 미사용 중이던 토지가 해당 공익사업의 중단으로 지구지정이 해제되었을 때, 당해 토지 및 주변부 토지에서 초래될 수 있는 경제적 손실을 부동산평가원리에 근거하여 설명하시오. ▸ 기출 제25회 1번
- 토지가 국공유화되어 있는 국가에서 토지의 장기사용권이 거래되는 경우, 토지의 장기사용권 가치 산정방법을 감정평가 3방식을 이용해 설명하시오. ▸ 기출 제26회 3번

설명형(관계)

- 감정평가에 있어 지역분석의 의의 및 필요성을 설명하고, 개별분석과의 상관관계를 기술하시오. ▸ 기출 제11회 2번
- 오염토지의 가치하락분 산정의 일반적인 원리와 가치하락분의 제외요인 및 포함요인에 관해 설명하고, 부동산 가격 제원칙과의 연관성에 관해 논하시오. ▸ 기출 제27회 3번
- 재무보고목적의 감정평가 시 기준가치는 무엇인지 그 개념에 관해 설명하고, 시장가치 기준원칙과의 관계에 관해 설명하시오. ▸ 기출 제27회 2번

설명형(영향)

- 부동산 가격형성의 일반요인은 자연적, 사회적, 경제적, 행정적 제 요인으로 구분할 수 있다. 부동산 가격형성의 행정적 요인 중 부동산거래규제의 내용에 대하여 설명하고, 거래규제가 감정평가에 미치는 영향에 대하여 설명하시오. ▸ 기출 제17회 3번
- 저금리기조가 지속되는 과정에서 주택시장에 나타날 수 있는 시장변화에 대하여 설명하시오. ▸ 기출 제20회 5번

- 인구 1,000만의 대도시인 A시와 약 40분 거리에 있는 인구 30만 규모의 기성도시인 B도시를 연결하는 전철이 개통되었다. 전철의 개통은 B도시의 광역접근성 개선효과를 가져와 부동산 시장 및 부동산 가격에 변화를 줄 것으로 예상된다. 전철개통으로 인한 접근성의 개선이 B도시의 유형별 부동산 시장에 미치는 긍정적·부정적 효과에 대하여 설명하시오. ▸기출 제29회 2번

설명형(비교)

- 농경지지대이론 중 차액지대설과 절대지대설을 각각 설명하고, 그 차이점을 기술하시오. ▸기출 제11회 4번
- 부동산 시장분석과 시장성분석을 비교·설명하시오. ▸기출 제14회 1번
- 최근 토지의 공정가치 평가가 회계에 관한 감정에 해당하는지의 여부에 대한 논란이 있었다. 공정가치, 시장가치 및 회계상 가치를 비교·설명하시오. ▸기출 제29회 3번

설명형(사례)

- 감정평가사 김氏는 K은행으로부터 대상부동산에 대한 담보감정평가를 의뢰받았다. 감정평가사 김氏는 현장조사 및 자료분석을 통하여 아래와 같은 자료를 수집하였다. 아래 대상부동산의 시장분석자료를 근거로 감정평가사 김氏가 K은행 대출담당자에게 담보가격의 결정에 대한 이론적 근거에 대해 부동산 가격 제원칙을 중심으로 기술하시오. ▸기출 제16회 4번
- 근린형 쇼핑센터 내 구분점포의 시장가치를 감정평가하려 한다. 인근에 초대형 쇼핑센터가 입지하여, 대상점포가 소재한 근린형 쇼핑센터의 고객흡인력이 급격히 감소하고 상권이 위축되어 구분점포 거래가 희소하게 된 시장동향을 고려하여 다음 물음에 답하시오. 대상 구분점포의 감정평가에 거래사례비교법을 적용할 경우 감정평가방법의 개요, 적용상 한계 및 수집된 거래사례의 거래조건보정에 대하여 설명하고, 그 밖에 적용 가능한 다른 감정평가방법의 개요 및 적용시 유의할 사항에 대하여 설명하시오. ▸기출 제25회 2번
- 공기업 A는 소지를 신규취득하고 직접 조성비용을 투입하여 택지를 조성한 후, 선분양방식에 의해 주택공급을 진행하려고 하였다. 그러나 「주택 공급에 관한 규칙」의 변경에 따라 후분양방식으로 주택을 공급하려고 한다. '예상되는 분양대금에서 개발비용을 공제하여 대상획지의 가치를 평가하는 방법'에서 분양대금의 현재가치 산정과 개발비용의 현재가치 산정 시 고려할 점을 설명하시오. ▸기출 제30회 1번

3) 논술형 문제 출제사례

논술형(기본)

- 최근 부동산투자회사법이 시행되었다. 부동산투자회사제도의 의의와 제도 도입이 부동산 시장에 미칠 영향에 관하여 논하시오. ▸기출 제12회 1번
- 수익방식을 적용하기 위한 조사자료 항목을 열거하고 우리나라에서의 수익방식의 적용상 문제점을 논하시오. ▸기출 제13회 1번
- 감정평가에 있어 시장가치, 투자가치, 계속기업가치 및 담보가치에 대하여 각각의 개념을 설명하고, 각 가치개념간의 차이점을 비교한 후, 이를 가격다원론의 관점에서 논하시오. ▸기출 제17회 2번
- 수익성 부동산의 평가 시 보증금의 처리 방법과 문제점에 대해서 논하시오. ▸기출 제23회 2번

논술형(대립)

- 토지시장에서 발생하는 불합리한 거래사례는 감정평가 시 이를 적정하게 보정하여야 한다. 현실적으로 보정을 요하는 요인은 어떠한 것이 있으며 이에 대한 의의와 그 보정의 타당성 여부를 논하시오. ▸기출 제12회 3번
- 감정평가목적 등에 따라 부동산 가격이 달라질 수 있는지에 대하여 국내 및 외국의 부동산 가격 다원화에 대한 견해 등을 중심으로 논하시오. ▸기출 제13회 3번
- 일괄평가된 가격을 필요에 의해 토지, 건물가격으로 각각 구분할 경우 합리적 배분기준을 논하시오. ▸기출 제19회 1번
- 감정평가에 사용될 수 있는 계량적 방법인 특성가격함수모형에 대해 설명하고, 감정평가사의 주관적 평가와 비교하여 그 장·단점을 논하시오. ▸기출 제22회 2번
- A법인이 소유한 위 부동산(토지 및 건물)을 감정평가 할 경우 감정평가규칙에 따른 원칙적인 감정평가 방법 및 근거, 해당 방법의 적정성을 논하시오. ▸기출 제26회 1번
- 해당 토지의 용적률은 50%이나 주변토지의 용적률은 100%이다. A법인이 용적률 100%를 조건으로 하는 감정평가를 의뢰하였다. 조건부평가에 관해 설명하고 본건의 평가가능 여부를 검토하시오. ▸기출 제26회 1번
- 시장가치와 시장가격(거래가격)의 개념을 비교하여 설명하고, 다양한 제도를 통해 시장가격(거래가격)을 수집, 분석할 수 있음에도 불구하고 감정평가가 필요한 이유에 관하여 논하시오. ▸기출 제31회 1번
- 토지소유자 甲은 공익사업에 토지가 편입되어 보상액 통지를 받았다. 보상액이 낮다고 느낀 甲은 보상액 산정의 기준이 된 감정평가서 내용에 의문이 있어, 보상감정평가를 수행한 감정평가사 乙에게 다음과 같은 질의를 하였다. 甲은 비교표준지 공시지가가 시장가격(거래가격)과 비교하여 낮은 수준임을 자료로 제시하면서, 거래사례비교법을 주방식으로 적용하지 않은 이유에 관하여 질의하였다. 이에 관하여 감정평가사 乙의 입장에서 답변을 논하시오. ▸기출 제31회 2번

3. 배점구성

배점구성이란 주어진 문제의 분량에 맞게 답안을 구성하는 것으로서, ① 문제의 점수, ② 서술어의 개수를 기준으로 판단합니다.
① 문제의 점수는 답안의 양과 목차의 개수를 결정합니다. 답안은 100점 기준 16면(8장)이므로, 10점 문제의 경우는 최소 1.6면, 40점 문제의 경우 6.4면을 작성해야 합니다. 1면에 작성할 수 있는 목차는 3~5개이므로 답안의 양과 목차의 개수를 정할 수 있습니다.
② 문제의 서술어는 대목차의 순서 및 내용을 결정합니다. 답안구성의 기본은 서-본-결의 형태입니다. 논술시험은 연구논문이 아니므로 '결'은 문제에 따라 축소하거나 생략할 수 있으나, '서문'은 충실하게 작성하여야 합니다. '본문'의 경우 논제의 개수에 맞춰 대목차를 구성해야 하며, 임의로 순서를 뒤바꿔서는 안 됩니다.

배점구성은 의외로 많은 학생들이 소홀히 하는 부분이며, 출제위원 강평에서도 자주 지적되는 실수입니다. 객관식 시험에서 정답이 6번일 수 없듯이, 논술시험에서도 주어진 분량대로 작성해야 득점에 불이익이 없을 것입니다.

문제

01 부동산 가격형성의 행정적 요인 중 부동산거래규제의 내용에 대하여 설명하고, 거래규제가 감정평가에 미치는 영향에 대하여 설명하시오. 20점

▸ 기출 제17회 3번

① 문제의 점수	• 답안분량 : 3.2면 = 16면 × (20점 ÷ 100점) • 목차개수 : 12개 = 20점 × 0.6
② 서술어의 개수	• "부동산거래규제의 내용에 대하여 설명하고" • "감정평가에 미치는 영향에 대하여 설명하시오."
③ 배점 구성	Ⅰ. 서설 (1목차) Ⅱ. 부동산거래규제의 내용 (5목차) Ⅲ. 거래규제가 감정평가에 미치는 영향 (5목차) Ⅳ. 결어 (1목차)

4. 목차구성

목차구성은 배점구성에서 확정한 분량과 순서 내에서 세부목차를 작성하는 것입니다. 세부목차는 ① 대목차의 내용범위와 주어진 분량을 지키면서 ② 유형에 충실하게 구성해야 합니다.

[문제] 부동산 가격형성의 행정적 요인 중 부동산거래규제의 내용에 대하여 설명하고, 거래규제가 감정평가에 미치는 영향에 대하여 설명하시오. 20점 ▸기출 제17회 3번

① 대목차 구성	Ⅰ. 서설(1목차) Ⅱ. 부동산거래규제의 내용(3목차) Ⅲ. 거래규제가 감정평가에 미치는 영향(5목차) Ⅳ. 결어(1목차)
② 세부목차 구성	Ⅱ. 부동산거래규제의 내용[4목차] • 논제: 부동산거래규제 - 행정적 가격형성요인 - 부동산 가격형성원리 - 부동산 가격론 • 유형: 설명형(기본) 1. 부동산 거래규제의 의의 2. 부동산 거래규제의 내용 1) 직접규제 2) 간접규제 3. 부동산 가격형성요인으로서 거래규제 Ⅲ. 거래규제가 감정평가에 미치는 영향[6목차] • 논제: 가격형성요인(A) - 감정평가과정(B) • 유형: 설명형(영향) - ① A와 B 각각의 논제에 대해 충실히 설명한 후 ② A가 B에 도달하는 인과관계를 목차로 구성 1. 감정평가의 의의 및 절차 2. 거래규제가 가격발생요인에 미치는 영향 3. 거래규제가 부동산 가격에 미치는 영향 4. 가치형성요인의 분석과정에 미치는 영향 1) 지역분석에 미치는 영향 2) 개별분석에 미치는 영향 5. 평가방법의 적용 및 시산조정에 미치는 영향

5. 답안작성

서문은 감정평가이론 전체 체계에서 논제의 개념적 위치를 기술하는 방식(Top-Down 방식)으로 작성합니다. Top-Down 방식이란 부동산의 개념부터 부동산 시장론, 부동산 가격론, 감정평가의 기초까지 해당 논제와 연관된 개념요소들을 키워드 위주로 짧게 요약하여 서술하는 방식입니다.

[문제] 부동산 가격형성의 행정적 요인 중 부동산 거래규제의 내용에 대하여 설명하고, 거래규제가 감정평가에 미치는 영향에 대하여 설명하시오. 20점 ▸기출 제17회 3번

<table>
<tr><td>서문 작성</td><td>Ⅰ. 서설

부동산의 개념
(고정성과 부증성)
↓
부동산 시장론
(외부효과와 균형가격불성립)
↓
부동산 가격론
(행정적 가격형성요인으로서 거래규제)
↓
감정평가의 기초
(지역분석, 개별분석, 시산가액 조정)

부동산은 부증성에 의한 공급제한, 고정성에 의한 외부효과 등에 따라 시장의 자율적 균형에 한계가 있으며, 시장균형을 보완하기 위한 직·간접적인 개입이 필요하다. 정부에 의한 부동산 거래규제는 부동산 시장의 균형을 위한 행정적 조치로서 부동산 가격에 영향을 미치므로, 감정평가 시 부동산 거래규제의 영향력에 유의하여야 한다.</td></tr>
</table>

결문은 ① 논술물을 간략하게 요약하거나 ② 본문에 미처 언급하지 못한 해당 논제와 연관된 내용을 서술합니다.

<table>
<tr><td>결문 작성</td><td>Ⅳ. 결어

• 거래규제가 부동산 가격에 미치는 영향 → 거래규제의 부작용
• 거래규제가 감정평가에 미치는 영향 → 감정평가 시 거래규제의 가격영향력 측정방법

부동산 거래규제는 ① 국민의 재산권을 과도하게 제약할 수 있고 ② 정부실패에 따라 시장실패를 악화시킬 수 있다. 거래규제 시 중장기적인 안목으로 접근하여야 하며, 감정평가 시 특정 거래규제의 영향력을 측정하기 위해 특성가격함수모형 등을 고려할 수 있다.</td></tr>
</table>

제한된 시간 내에 논술하기 위해서는 수험자 본인의 시간배분 규칙이 있어야 하며, 규칙에 맞게 반복연습을 해두어야만 시험장에서 충분한 실력을 발휘할 수 있을 것입니다. 아래에서 제시해 드리는 논술전략은 절대적인 기준이 아니므로, 참고적으로 활용하시기 바랍니다.

<table>
<tr><th>구분</th><th>시간배분</th><th>방법</th></tr>
<tr><td>문제분석</td><td rowspan="2">20~30분</td><td rowspan="2">문제를 분석하고, 답안의 목차와 배점을 구성하는 것이 우선입니다. 문제분석 시에는 논점의 정확성이, 답안구성 시에는 목차의 체계성과 논리성, 배점의 합리성이 중요합니다.
시간배분은 수험자의 필력에 따라 상이하나, 통상 20~30분 정도를 배분하면 될 것입니다.</td></tr>
<tr><td>답안구성</td></tr>
<tr><td>서술</td><td>70~80분</td><td>답안의 목차와 배점을 결정할 때에는 신중함이 필요하지만, 목차와 배점을 결정한 이후에는 최대한 과감하고 신속하게 서술하는 것이 관건입니다.</td></tr>
</table>

PART

02

감정평가이론 **기출문제**

Chapter 01

부동산 시장론

제1절 부동산 시장의 개념

서설 preface, summary

- 〈부동산 시장〉이란 부동산의 교환 및 가격 결정이 이루어지고, 부동산 자산의 이용형태 및 배분이 결정되는 공간을 말한다.

목차 index

1 부동산 시장의 개념

2 부동산 시장의 기능

(1) 가격결정

(2) 자원배분

(3) 수요・공급의 조정

3 부동산 시장의 분류

(1) 지역별 시장

(2) 용도별 시장

(3) 유형별 시장

(4) 경제별 시장

(5) 그 외의 분류

4 부동산 시장의 구조

(1) 공간시장

(2) 자산시장(DW모형)

(3) 자본시장

① 자본시장의 의의
② 자본시장과 자산시장의 관계

(4) 화폐시장

① 화폐시장의 의의
② 화폐시장과 자산시장의 관계

5 부동산 시장의 특징

(1) 수요 중심적 시장

(2) 공급 비탄력 시장

(3) 경쟁 불완전 시장

(4) 가격 불균형 시장

6 부동산 시장의 효율성

(1) 시장 효율성

(2) 부동산 시장의 효율성과 시장실패

(3) 부동산 시장의 효율성 확보방안과 할당 효율성

제2절 부동산 시장분석

서설 preface, summary

- 부동산은 물리적·인문적 특성으로 인해 일반 재화와 달리 불완전 시장을 형성한다.
- 부동산은 일반 재화와 달리 물리적으로 고정되어 있어, 부동산 시장 역시 지역시장의 형태로 형성된다.
- 〈시장분석〉이란 수요와 공급의 상호관계가 대상물건의 가치에 어떠한 영향을 미치는가를 조사·분석하는 것을 말한다.

목차 index

1 시장분석의 개념

2 시장분석의 단계

(1) 생산성 분석
(2) 시장획정
(3) 수요분석
(4) 공급분석
(5) 균형분석
(6) 포착률 추계

3 시장분석의 종류 [① 의의 ② 방법 ③ 목적]

(1) 입지분석·부지분석
(2) 투자분석·타당성 분석
(3) 시장성 분석
(4) 경제기반 분석
(5) 갭분석

4 감정평가의 시장분석

(1) 지역분석
① 의의
② 필요성 및 목적
③ 대상(인근 · 유사 · 동일수급권)
④ 방법 및 절차
⑤ 유의사항

(2) 개별분석
① 의의
② 필요성 및 목적
③ 방법
④ 지역분석과의 관계

제3절 부동산 시장 경기변동

서설 preface, summary

- 부동산 시장은 부증성, 영속성 등 부동산의 물리적 특성으로 인해 공급비탄력시장, 장기시장을 형성한다.
- 〈부동산 경기변동〉이란 부동산 시장이 일정한 주기로 확장과 수축을 반복하는 것을 말한다.

목차 index

1 경기변동의 정의

2 경기변동의 유형

(1) 계절적 변동
(2) 순환적 변동

① 확장기
② 후퇴기
③ 수축기
④ 회복기

(3) 장기적 변동
(4) 무작위적 변동
(5) 정부정책의 변동

3 경기변동의 요인

(1) 사회적 요인
(2) 경제적 요인
(3) 행정적 요인

4 경기변동의 원인

(1) 가속도・승수이론
(2) 화폐적 경기변동이론
(3) 거품경기변동이론
(4) 정치적 경기변동이론

5 경기변동의 특징

(1) 지역적・개별적 경기변동
(2) 변동주기의 특징
(3) 변동폭의 특징
(4) 변동형태의 특징

6 경기변동의 측정 및 예측

(1) 수요 측도
(2) 공급 측도
(3) 가격・거래량 측도

부동산의 분류 기출문제 제17회 1번

01 **부동산의 종별 및 유형의 개념과 분류목적을 설명하시오.** 10점

논점분석

- 논제
- 유형
- 개념어

목차구성

부동산 시장의 개념 기출문제 제15회 4번

02 정부가 부동산 시장에 개입하는 이유에 대하여 설명하시오. 10점

논점분석

- 논제
- 유형
- 개념어

목차구성

부동산 시장의 개념 기출문제 제32회 1번

03 부동산 시장을 공간시장(space market)과 자산시장(asset market)으로 구분할 때 두 시장의 관계를 설명하고, 부동산 시장의 다른 조건이 동일할 때 시중은행 주택담보대출 이자율의 상승이 주택시장의 공간시장과 자산시장에 미치는 영향을 설명하시오. 20점

논점분석

- 논제
- 유형
- 개념어

목차구성

부동산 시장의 분석 기출문제 제24회 2번

04 시장분석의 의의 및 필요성을 설명하고, 시장분석 6단계를 단계별로 설명하시오.

20점

논점분석

- 논제
- 유형
- 개념어

목차구성

부동산 시장의 분석 기출문제 제14회 1번

05 **부동산 시장분석과 시장성분석을 비교, 설명하시오.** 15점

논점분석

- 논제
- 유형
- 개념어

목차구성

부동산 시장의 분석 기출문제 제24회 2번

06 부동산 감정평가에서 행하는 지역분석을 설명하고, 시장분석과의 관계를 설명하시오.
10점

논점분석

- 논제
- 유형
- 개념어

목차구성

부동산 시장의 분석 기출문제 제11회 2번

07 **감정평가에 있어 지역분석의 의의 및 필요성을 설명하고, 개별분석과의 상관관계를 기술하시오.** 20점

논점분석

- 논제
- 유형
- 개념어

목차구성

부동산 시장의 분석 기출문제 제15회 1번

08 부동산 감정평가를 위하여 구분하는 지역을 구체적으로 열거하고 대체성, 경쟁성, 접근성과 관련하여 설명하시오. 10점

논점분석

- 논제
- 유형
- 개념어

목차구성

부동산 시장의 분석 기출문제 제16회 5번

09 인근지역의 개념, 요건 및 경계와 범위를 설명하시오. 10점

논점분석

- 논제
- 유형
- 개념어

목차구성

부동산 시장의 분석 기출문제 제12회 4번

10 **인근지역의 Age-cycle의 단계별 부동산 감정평가 시 유의점을 서술하시오.** 10점

논점분석

- 논제
- 유형
- 개념어

목차구성

부동산 시장의 분석 기출문제 제27회 4번

11 다음의 제시된 자료를 참고하여 물음에 답하시오. 30점

인구 1,000만의 대도시인 A시와 약40분 거리에 있는 인구 30만 규모의 기성도시인 B도시를 연결하는 전철이 개통되었다. 전철의 개통은 B도시의 광역접근성 개선효과를 가져와 부동산 시장 및 부동산 가격에 변화를 줄 것으로 예상된다.

1) B도시에 새롭게 신설된 전철역세권의 지역분석에 대하여 설명하시오. 15점

2) 전철개통으로 인한 접근성의 개선이 B도시의 유형별 부동산 시장에 미치는 긍정적 · 부정적 효과에 대하여 설명하시오. 15점

■▶ 논점분석

- 논제
- 유형
- 개념어

■▶ 목차구성

부동산 시장의 분석 기출문제 제20회 5번

12 **저금리 기조가 지속되는 과정에서 주택시장에 나타날 수 있는 시장변화에 대하여 설명하시오.** 15점

논점분석

- 논제
- 유형
- 개념어

목차구성

부동산 시장의 분석 기출문제 제27회 4번

13 금리인하가 부동산 시장에 미치는 영향에 관해 설명하시오. 10점

논점분석

- 논제
- 유형
- 개념어

목차구성

부동산 시장의 분석 기출문제 제21회 1번

14 다른 조건이 일정할 경우 출생률 저하, 핵가족화가 주거용 부동산 시장에 미치는 영향을 설명하고, 주거용 부동산 감정평가 시 유의사항에 대하여 논하시오. 30점

논점분석

- 논제
- 유형
- 개념어

목차구성

부동산 시장의 분석 기출문제 제26회 4번

15 부동산 보유세율의 상승이 부동산 시장에 미치는 영향을 설명하시오. 10점

➡ 논점분석

- 논제
- 유형
- 개념어

➡ 목차구성

부동산 시장의 분석 기출문제 제22회 2번

16 **최근의 세계경제 위기가 국내 부동산 시장에 미치는 영향을 기술하고, 이러한 영향하에서 부동산 감정평가를 할 경우 비교방식, 원가방식, 수익방식별로 유의점을 논하시오.**

20점

논점분석

- 논제
- 유형
- 개념어

목차구성

부동산 시장의 분석 기출문제 제32회 1번

17 **양도소득세의 상승이 부동산 시장에 미치는 영향에 대해 설명하시오.** 10점

논점분석

- 논제
- 유형
- 개념어

목차구성

부동산 시장의 경기변동 기출문제 제32회 1번

18 3방식에 따른 감정평가를 할 때 부동산 경기변동에 따른 유의사항에 대해 설명하시오.

10점

논점분석

- 논제
- 유형
- 개념어

목차구성

Chapter

02 부동산 가격론

제1절 부동산 가격의 개념

서설 preface, summary

• 부동산 가격은 부동산의 물리적 특성으로 인하여 일반 재화와 다른 특징을 나타낸다.

목차 index

제2절 부동산 가격형성원리

서설 preface, summary

- 부동산은 고정성, 부증성, 개별성 등 물리적 특성으로 인해, 일물일가의 법칙이 성립하지 않고 균형가격의 성립이 어렵다.
- 부동산의 가치는 다양한 가격형성요인의 복합적인 상호작용에 따른 가격발생요인의 균형으로 결정된다.

목차 index

1 부동산 가격형성이론의 역사

(1) 농경지지대이론

① 차액지대설
② 절대지대설
③ 독점지대설
④ 입지교차지대설

(2) 도시토지지가이론

① 마샬의 지가이론
② 성형도시이론
③ 마찰비용이론 · 페널티이론
④ 생태학적 이론
⑤ 토페카 연구
⑥ 가격조정곡선

(3) 도시성장구조이론

① 동심원이론
② 부문이론
③ 다핵심이론
④ 사회지역구조이론
⑤ IT기술과 도시공간구조

2 부동산 가격형성요인(가격결정요인)

(1) 속성에 따른 분류

① 자연적 요인
② 사회적 요인
③ 경제적 요인
④ 행정적 요인

(2) 적용범위에 따른 분류

① 일반적 요인
② 지역적 요인
③ 개별적 요인

(3) 용도·유형별 요인

① 용도별 요인
② 유형별 요인

3 부동산 가격발생요인

(1) 가치발생이론의 역사적 배경

① 생산비가치설
② 한계효용가치설
③ 수요공급균형이론
④ 부동산 가치발생이론

(2) 수요 측면

① 효용성
② 유효수요

(3) 공급 측면

① 상대적 희소성

4 부동산 가격형성원리

(1) 일반적 가격형성원리

(2) 지역적 가격형성원리

제3절 부동산 가격 제원칙

서설 preface, summary

- 부동산 가격도 대체, 경쟁의 원칙 등 일반 경제원칙의 영향을 받는다. 그러나 부동산의 개별성 등 고유한 물리적 특성에 따라, 일반 경제원칙이 다소 변형된 형태로 적용된다.
- 부동산은 개별성이 있으나 용도의 다양성으로 인하여 여러 용도 간의 경합을 통해 최유효이용에 할당된다.
- 〈최유효이용〉이란 객관적으로 보아 양식과 통상의 사용능력을 가진 사람에 의한 합리적이고, 합법적인, 최고최선의 이용을 말한다.

목차 index

1 가격 제원칙

(1) 부동산 고유의 원칙

① 최유효이용의 원칙
② 적합의 원칙
③ 외부성의 원칙

(2) 일반 경제원칙과 유사한 원칙

① 수요 · 공급의 원칙
② 예측 · 변동의 원칙
③ 기회비용의 원칙
④ 수익배분의 원칙
⑤ 균형의 원칙

(3) 일반 경제원칙과 동일한 원칙

① 대체의 원칙
② 수익 체증 · 체감의 원칙
③ 기여의 원칙

2 최유효이용의 원칙

(1) 개념

(2) 필요성 및 장애요인

① 용도·이용의 다양성과 비가역성

② 공공성

(3) 판단기준 및 유의사항

① 물리적 타당성

② 법률적 타당성

③ 경제적 타당성

④ 최대의 수익성

⑤ 판단 시 유의사항

(4) 판정방법(판정절차)

① 나지 상정 최유효이용·개량물 하의 최유효이용

② 표준적 이용·대상이용·특수상황의 최유효이용

③ 건부감가·건부증가

부동산 가격의 특성 기출문제 제15회 1번

01 부동산 가격의 경제적 특성에 대하여 설명하시오. 10점

논점분석

- 논제
- 유형
- 개념어

목차구성

부동산 가격의 특성 기출문제 제21회 3번

02 **부동산 가격의 본질, 특징 및 가격형성원리에 대해 설명하시오.** 15점

논점분석

- 논제
- 유형
- 개념어

목차구성

부동산 가격의 형성원리 기출문제 제17회 1번

03 종별 및 유형에 따른 가격형성요인을 분석하고 감정평가 시 유의사항에 대해 설명하시오. 20점

논점분석

- 논제
- 유형
- 개념어

목차구성

부동산 가격의 형성원리 기출문제 제21회 1번

04 **기후변화에 대한 관심이 높아지고 있는바, 기후변화가 부동산 가격형성요인에 미칠 영향에 대하여 약술하시오.** 10점

논점분석

- 논제
- 유형
- 개념어

목차구성

부동산 가격의 형성원리 기출문제 제17회 3번

05 부동산 가격형성의 일반요인은 자연적, 사회적, 경제적, 행정적 제 요인으로 구분할 수 있다. 부동산 가격형성의 행정적 요인 중 부동산거래규제의 내용에 대하여 설명하고, 거래규제가 감정평가에 미치는 영향에 대하여 설명하시오. 20점

논점분석

- 논제
- 유형
- 개념어

목차구성

부동산 가격의 형성원리 기출문제 제29회 1번

06 다음을 설명하고, 각각의 상호관련성에 대하여 논하시오. 40점

1) 부동산 가치발생요인과 부동산 가격결정요인 10점

2) 부동산 가격결정과정(메커니즘)과 부동산 가치의 3면성 10점

3) 부동산 가치의 3면성과 감정평가 3방식 6방법 20점

논점분석

- 논제
- 유형
- 개념어

목차구성

부동산 가격의 형성원리 기출문제 제15회 1번

07 부동산 감정평가의 3방식을 이용하여 시산가격을 도출하기 위해서는 여러 단계가 필요하다. 부동산 가격수준의 단계와 내용, 부동산 가격의 구체화, 개별화 단계에 대하여 설명하시오. 20점

논점분석

- 논제
- 유형
- 개념어

목차구성

부동산 가격의 형성원리 기출문제 제22회 1번

08 최근 수익형 부동산에 대한 관심이 확산되고 있는데 수익형 부동산의 특징과 그 가격 형성원리에 대해 설명하시오. 15점

논점분석

- 논제
- 유형
- 개념어

목차구성

부동산 가격의 형성원리 기출문제 제32회 3번

09 광평수 토지란 해당 토지가 속해 있는 시장지역에서 일반적으로 사용하는 표준적 규모보다 훨씬 더 크다고 인식되는 토지로서, 최근에 대단위 아파트 단지개발 및 복합용도 개발 등으로 인해 광평수 토지에 대한 감정평가가 증가하고 있다. 광평수 토지면적이 해당 토지의 가치에 미치는 영향을 감가와 증가로 나누어 설명하시오. 10점

논점분석

- 논제
- 유형
- 개념어

목차구성

부동산 가격 제원칙 기출문제 제12회 2번

10 **대체의 원칙이 감정평가과정에서 중요한 지침이 되는 이유를 부동산의 자연적 특성의 하나인 개별성과 관련하여 설명하고 이 원칙이 협의의 가격을 구하는 감정평가 3방식에서 어떻게 활용되는지 기술하시오.** 20점

논점분석

- 논제
- 유형
- 개념어

목차구성

부동산 가격 제원칙 기출문제 제16회 4번

11 감정평가사 김氏는 K은행으로부터 대상 부동산에 대한 담보감정평가를 의뢰받았다. 감정평가사 김氏는 현장조사 및 자료분석을 통하여 아래와 같은 자료를 수집하였다. 아래 대상 부동산의 시장분석자료를 근거로 감정평가사 김氏가 K은행 대출담당자에게 담보가격의 결정에 대한 이론적 근거에 대해 부동산 가격 제원칙을 중심으로 기술하시오.

20점

- 서울시 ○○구 ○○동 xxx-x번지 AA빌라 3층 301호 100평형
- 대상 부동산 분양예정가: 10억원
- 분양성 검토: 대형평형으로 인해 인근지역 내에서 분양성 악화가 우려됨
- 인근지역의 표준적 이용상황: 40~50평형
- 인근지역의 담보평가가격수준: 3.6~4.5억원
- 거래가능가격(표준적 이용상황 기준): 평형당 1,000만원

논점분석

- 논제
- 유형
- 개념어

목차구성

부동산 가격 제원칙 기출문제 제25회 1번

12 공익사업을 위해 수용될 지구에 포함되어 장기 미사용 중이던 토지가 해당 공익사업의 중단으로 지구지정이 해제되었을 때, 당해 토지 및 주변부 토지에서 초래될 수 있는 경제적 손실을 부동산 평가원리에 근거하여 설명하시오. 15점

논점분석

- 논제
- 유형
- 개념어

목차구성

부동산 가격 제원칙 기출문제 제24회 1번

13 최유효이용의 개념과 성립요건, 다른 원칙들간의 상호관련성을 설명하고, 부동산 가격 판단 시 최유효이용을 전제로 판단해야 하는 이유를 설명하시오. 25점

논점분석

- 논제
- 유형
- 개념어

목차구성

부동산 가격 제원칙 기출문제 제22회 4번

14 **최유효이용의 장애요인과 최유효이용 판단 시 유의사항을 설명하시오.** 10점

논점분석

- 논제
- 유형
- 개념어

목차구성

부동산 가격 제원칙 기출문제 제13회 4번

15 건부감가의 판단기준과 산출방법에 대해 서술하시오. 10점

논점분석

- 논제
- 유형
- 개념어

목차구성

부동산 가격 제원칙 기출문제 제18회 4번

16 **건부증가와 건부감가의 성립논리를 설명하시오.** 10점

■▶ 논점분석

- 논제
- 유형
- 개념어

■▶ 목차구성

부동산 가격 제원칙 기출문제 제13회 2번

17 **최근 노후 공동주택의 재건축이 사회문제로 대두되고 있는 가운데 재건축의 용적률이 핵심쟁점이 되고 있다. '토지가치의 극대화'라는 최유효이용의 관점에서 재건축의 용적률이 이론적으로 어떻게 결정되는지를 설명하고, 현실적인 용적률 규제와 주택가격의 상승이 이러한 이론적 적정 용적률에 미치는 영향을 설명하시오.** 20점

논점분석

- 논제
- 유형
- 개념어

목차구성

부동산 가격 제원칙 기출문제 제24회 1번

18 **부동산 시장이 침체국면일 때 최유효이용의 판단 시 유의사항을 설명하시오.** 15점

논점분석

- 논제
- 유형
- 개념어

목차구성

부동산 가격 제원칙 기출문제 제28회 1번

19 **제시된 자료를 참고하여 다음 물음에 답하시오.**

감정평가사 甲은 감정평가사 乙이 작성한 일반상업지역 내 업무용 부동산(대지면적: 3,000㎡, 건물: 30년 경과된 철근콘크리트조 6층)에 대한 감정평가서를 심사하고 있다. 동 감정평가서에 따르면, 인근지역은 일반적으로 대지면적 200㎡~500㎡ 내외 2층 규모의 상업용으로 이용되고 있으며, 최근 본건 부동산 인근에 본건과 대지면적이 유사한 토지에 20층 규모의 주거 및 상업 복합용도 부동산이 신축되어 입주(점) 중에 있는 것으로 조사되어 있다. 검토결과 원가방식(면적 400㎡ 상업용 나대지의 최근 매매사례 단가를 적용한 토지가치에 물리적 감가수정만을 행한 건물가치 합산)에 의한 시산가치가 수익방식(현재 본건 계약임대료 기준)에 의한 시산가치보다 높게 산출되어 있다. 40점

1) 심사 감정평가사 甲은 감정평가사 乙에게 추가적으로 최유효이용 분석을 요청하였는바, 최유효이용 판단기준을 설명하고 구체적인 최유효이용 분석방법을 설명하시오. 20점
2) 최유효이용에 대한 두 가지 분석 유형(방법)에 따른 결과가 다르다면, 그 이유와 그것이 의미하는 바를 설명하시오. 10점
3) 원가방식에 의한 시산가치가 수익방식에 의한 시산가치보다 높게 산출된 것이 타당한 것인지 감정평가 원리(원칙)을 기준으로 설명하고, 올바른 원가방식 적용방법에 관하여 설명하시오. 10점

논점분석

- 논제
- 유형
- 개념어

목차구성

부동산 가격 제원칙 기출문제 제32회 3번

20 광평수 토지란 해당 토지가 속해 있는 시장지역에서 일반적으로 사용하는 표준적 규모보다 훨씬 더 크다고 인식되는 토지로서, 최근에 대단위 아파트 단지개발 및 복합용도 개발 등으로 인해 광평수 토지에 대한 감정평가가 증가하고 있다. 광평수 토지의 최유효이용이 단독이용인 경우 감정평가방법에 대해 설명하시오. 10점

논점분석

- 논제
- 유형
- 개념어

목차구성

Chapter

03 감정평가의 기초

제1절 감정평가의 개념

서설 preface, summary

- 부동산은 물리적 특성으로 인하여 균형가격의 성립이 어려우므로, 시장의 불완전성을 보완할 수 있는 균형가치의 지적이 필요하다.
- 감정평가활동은 국가의 정책적 필요와 시장의 경제적 필요에 의해 이루어지는 것이다.
- 〈감정평가〉란 토지 등의 경제적 가치를 판정하여 그 결과를 가액으로 표시하는 활동이다.

목차 index

1 감정평가의 정의

2 감정평가의 대상

① 부동산
② 준부동산
③ 동산
④ 무형자산
⑤ 유가증권

3 감정평가의 기준

(1) 가격의 개념
① 가격
② 원가

(2) 가치의 개념
① 사용가치
② 교환가치

(3) 가치의 본질(가치이론)

① 생산비가치설

② 한계효용가치설

③ 신고전학파에 의한 통합

4 감정평가의 필요성

(1) 부동산 시장의 불완전성 및 부동산 가격의 불균형성

(2) 실거래가격의 의의와 한계 극복

5 감정평가의 업무

(1) 감정평가 업무의 개요

(2) 감정평가 업무의 확대

6 감정평가의 기능

(1) 정책적 기능

① 표준지평가

② 보상평가

③ 도시정비평가

④ 택지비평가

(2) 경제적 기능

① 담보평가

② 경매평가

③ 재무보고평가

7 감정평가의 분류

제2절 감정평가의 원칙 · 절차

서설 preface, summary

- 감정평가는 가격(price)이 아닌 경제적 가치(value)를 판정하는 행위로서, 이론적으로 가치의 성격, 실무적으로 가치 판정의 구체적 기준과 방법이 문제된다.
- 경제적 가치는 기준과 방법에 따라 달라질 수 있으므로, 가치 판정을 위해서는 기준가치가 전제되어야 한다.
- 「감정평가에 관한 규칙」 제5조는 시장가치 기준원칙을 규정하고, 예외적으로 시장가치 외의 가치를 규정하고 있다.
- 「부동산등기법」과 「지방세법」 등 등기 및 과세법령은 토지와 건물을 구분하고 있으나, 토지와 건물은 일반적으로 일체의 효용을 발현한다.
- 재화의 가치는 비용성, 시장성, 수익성에 근거하며, 감정평가 3방식은 가치의 3면성에 근거하여 시산가액을 산정한다.
- 「감정평가에 관한 규칙」은 대상물건의 특성별로 주된 평가방법을 규정하고 있다.

목차 index

1 시장가치기준 원칙

(1) 시장가치의 개념요소

① 시장의 통상성

② 방매기간의 충분성

③ 거래주체의 정통성

④ 거래행위의 자발성

⑤ 성립될 가능성이 가장 높은 가액

(2) 기준가치의 변천과정

① 정상가격

② 적정가격

(3) 기준가치의 성격

① 현실가치
② 당위가치

(4) 가치다원론

① 개념
② 이론적·법률적 근거
③ 필요성

(5) 시장가치 외의 가치

① 예외의 적용조건
② 유의사항
③ 시장가치 외 가치의 종류

(6) 참고 : 평가전제 및 평가조건

2 그 외 감정평가원칙

(1) 현황평가와 조건부평가

① 예외의 적용조건
② 예외 적용 시 유의사항

(2) 개별평가와 일괄·구분·부분평가

① 예외의 적용조건
② 예외 적용 시 유의사항
③ 일괄평가액의 배분

(3) 현행평가와 소급·기한부평가

① 예외의 적용조건
② 예외 적용 시 유의사항

(4) 대상물건 확인과 생략

① 예외의 적용조건
② 예외 적용 시 유의사항

(5) 주된 방법과 부방법

① 감정평가 3방식 · 7방법
② 예외의 적용조건
③ 예외 적용 시 유의사항

(6) 시산가액 조정

① 적용조건
② 필요성
③ 법적 근거
④ 조정기준
⑤ 조정방법
⑥ 최종 감정평가액 표시방법

3 감정평가의 절차

(1) 개념

(2) 필요성

(3) 감정평가의 의뢰

(4) 감정평가의 절차

제3절 감정평가제도

서설 preface, summary

- 감정평가는 경제적 기능과 정책적 기능을 통해 국가경제와 국민 재산권에 영향을 미치므로, 공정성과 신뢰성이 요구된다.
- 감정평가활동은 사적 부동산 시장뿐만 아니라 공적 부동산 활동 등 다양한 영역에서 수행되므로, 다양한 층위의 행위규범이 요구된다.

목차 index

1 감정평가제도

(1) 개요

① 연혁
② 근거법령
③ 자격・등록
④ 권리・의무
⑤ 변화

(2) 감정평가 심사

① 의의
② 목적・주체
③ 내용・절차

(3) 감정평가 검토

① 의의
② 목적
③ 대상・주체
④ 내용・절차
⑤ 한계
⑥ 타당성조사

(4) 컨설팅

① 의의

② 감정평가와의 차이점

2 감정평가윤리

(1) 법적 · 자율적 윤리

① 감정평가법

② 감정평가규칙

③ 감정평가 실무기준

④ 윤리규정

(2) 기본 · 업무윤리

① 기본윤리

② 업무윤리

감정평가의 개념 기출문제 제31회 1번

01 감정평가와 관련한 다음의 물음에 답하시오. 40점

1) 감정평가의 개념에 근거하여 기준가치 확정과 복수 감정평가의 필요성을 논하시오. 20점

2) 시장가치와 시장가격(거래가격)의 개념을 비교하여 설명하고, 다양한 제도를 통해 시장가격(거래가격)을 수집, 분석할 수 있음에도 불구하고 감정평가가 필요한 이유에 관하여 논하시오. 20점

논점분석

- 논제
- 유형
- 개념어

목차구성

감정평가의 개념 기출문제 제29회 3번

02 최근 토지의 공정가치 평가가 회계에 관한 감정에 해당하는지의 여부에 대한 논란이 있었다. 이와 관련하여 다음 물음에 답하시오. 20점

1) 감정평가의 개념과 회계에 관한 감정의 개념 차이를 설명하시오. 5점

2) 공정가치, 시장가치 및 회계상 가치를 비교 · 설명하시오. 15점

논점분석

- 논제
- 유형
- 개념어

목차구성

감정평가의 개념 기출문제 제29회 4번

03 감정평가의 공정성과 감정평가행위의 독립 필요성을 감정평가이론에 근거하여 설명하시오. 10점

논점분석

- 논제
- 유형
- 개념어

목차구성

감정평가의 개념 기출문제 제20회 1번

04 **감정평가목적에 따라 감정평가액의 차이가 발생할 수 있는 이유를 감정평가의 기능과 관련하여 설명하시오.** 15점

논점분석

- 논제
- 유형
- 개념어

목차구성

감정평가의 개념 기출문제 제18회 3번

05 **「부동산 가격공시에 관한 법률」에 의한 표준지공시지가와 표준주택가격의 같은 점과 다른 점을 설명하시오.** 20점

논점분석

- 논제
- 유형
- 개념어

목차구성

감정평가의 개념 기출문제 제30회 4번

06 **부동산 가격공시와 관련된 '조사 · 평가'와 '조사 · 산정'에 대해 비교 · 설명하시오.**

10점

논점분석

- 논제
- 유형
- 개념어

목차구성

감정평가의 개념 기출문제 제31회 2번

07 토지소유자 甲은 공익사업에 토지가 편입되어 보상액 통지를 받았다. 보상액이 낮다고 느낀 甲은 보상액 산정의 기준이 된 감정평가서 내용에 의문이 있어, 보상감정평가를 수행한 감정평가사 乙에게 다음과 같은 질의를 하였다. 이에 관하여 감정평가사 乙의 입장에서 답변을 논하시오. 30점

1) 감정평가서에는 공시지가기준법을 주방식으로 적용하여 대상토지를 감정평가하였다고 기재되어 있다. 甲은 대상토지의 개별공시지가가 비교표준지공시지가보다 높음에도 불구하고 개별공시지가를 기준으로 감정평가하지 않은 이유에 관하여 질의하였다. 15점

2) 甲은 비교표준지 공시지가가 시장가격(거래가격)과 비교하여 낮은 수준임을 자료로 제시하면서, 거래사례비교법을 주방식으로 적용하지 않은 이유에 관하여 질의하였다. 15점

논점분석

- 논제
- 유형
- 개념어

목차구성

감정평가의 개념 기출문제 제20회 4번

08 비주거용 부동산 가격 공시제도의 도입 필요성에 대하여 설명하시오. 10점

논점분석

- 논제
- 유형
- 개념어

목차구성

감정평가의 개념 기출문제 제22회 3번

09 정비사업은 도시환경을 개선하고 주거생활의 질을 높이는 것이 목적인데, 그중 주택재개발사업은 정비기반시설이 열악하고 노후·불량건축물이 밀집한 지역의 주거환경을 개선하기 위한 사업이다. 이에 관한 감정평가사의 역할이 중요한바, 다음의 물음에 답하시오. 20점

(1) 주택재개발사업의 추진 단계별 목적에 따른 감정평가업무를 분류하고 설명하시오. 10점

(2) 종전자산(종전의 토지 또는 건축물)과 종후자산(분양예정인 대지 또는 건축물의 추산액)과의 관계를 설명하시오. 10점

논점분석

- 논제
- 유형
- 개념어

목차구성

감정평가의 개념 기출문제 제31회 3번

10 A토지는 OO재개발사업구역에 소재하고 있다. A토지에 대하여 재개발사업의 절차상 종전자산의 감정평가를 하는 경우와 손실보상(현금청산)을 위한 감정평가를 하는 경우에 다음의 물음에 답하시오. 20점

1) 각각의 감정평가에 있어 기준시점, 감정평가액의 성격 및 감정평가액 결정 시 고려할 점에 관하여 설명하시오. 10점

2) 각각의 감정평가에 있어 재개발사업으로 인한 개발이익의 반영 여부에 관하여 설명하시오. 10점

논점분석

- 논제
- 유형
- 개념어

목차구성

감정평가의 개념 기출문제 제23회 3번

11 **재건축정비사업에 있어서 매도청구소송목적의 감정평가에 대해 설명하시오.** 10점

논점분석

- 논제
- 유형
- 개념어

목차구성

감정평가의 개념 기출문제 제14회 3번

12 담보가치의 결정에서 고려해야 할 사항들에 대하여 설명하시오. 10점

논점분석

- 논제
- 유형
- 개념어

목차구성

감정평가의 개념 기출문제 제34회 3번

13 담보평가를 수행함에 있어 감정평가의 기능과 관련하여 감정평가의 공정성과 독립성이 필요한 이유를 설명하고, 감정평가의 공정성과 독립성을 확보할 수 있는 수단 3개를 제시하시오. 10점

논점분석

- 논제
- 유형
- 개념어

목차구성

감정평가의 개념 기출문제 제26회 2번

14 감정평가목적에 따라 감정평가금액의 격차가 큰 경우가 있다. 다음 물음에 답하시오. 30점

1) 보상 · 경매 · 담보평가의 평가방법을 약술하고, 동일한 물건이 평가목적에 따라 평가금액의 격차가 큰 사례 5가지를 제시하고 그 이유를 설명하시오. 20점

2) 주거용 건물을 신축하기 위해 건축허가를 득하여 도로를 개설하고 입목을 벌채 중인 임야를 평가하고자 한다. 개발 중인 토지의 평가방식에는 공제방식과 가산방식이 있다. 공제방식은 개발 후 대지가격에서 개발에 소요되는 제반비용을 공제하는 방식이고, 가산방식은 소지가격에 개발에 소요되는 비용을 가산하여 평가하는 방식이다. 두 가지 방식에 따른 감정평가금액의 격차가 클 경우 보상평가, 경매평가, 담보평가에서 각각 평가하는 것이 더 적절한지 설명하시오. 10점

논점분석

- 논제
- 유형
- 개념어

목차구성

감정평가의 개념 기출문제 제20회 2번

15 **공동주택 분양가상한제를 설명하고, 이 제도와 관련된 감정평가사의 역할에 대하여 논하시오.** 20점

PART 02

논점분석

- 논제
- 유형
- 개념어

목차구성

감정평가의 개념 기출문제 제23회 4번

16 **국토교통부의 부동산 실거래가 자료축적의 의의와 한계극복을 위한 감정평가사의 역할에 대해서 설명하시오.** 10점

▶ 논점분석

- 논제
- 유형
- 개념어

▶ 목차구성

감정평가의 개념 기출문제 제25회 4번

17 정부에서 추진 중인 상가권리금 보호방안이 제도화될 경우 권리금 감정평가업무에 변화가 나타날 것으로 예상된다. 이에 관한 상가권리금에 대해 설명하시오. 10점

논점분석

- 논제
- 유형
- 개념어

목차구성

감정평가의 개념 기출문제 제19회 2번

18 부동산 가격지수와 관련하여, 다음을 설명하시오.

1) 부동산 가격지수의 필요성과 기능을 설명하시오. 10점

2) 부동산 가격지수를 산정하는데 사용되는 대표적인 계량모형인 특성가격모형(Hedonic Price Model)과 반복매매모형(Repeat Sale Model)의 원리와 각각의 장 · 단점을 설명하시오. 10점

논점분석

- 논제
- 유형
- 개념어

목차구성

감정평가의 개념 기출문제 제15회 3번

19 **부동산 감정평가를 체계적으로 분류하는 목적을 설명하시오.** 5점

논점분석

- 논제
- 유형
- 개념어

목차구성

감정평가의 개념 기출문제 제18회 4번

20 공적평가에서 복수평가의 필요성을 설명하시오. 5점

논점분석

- 논제
- 유형
- 개념어

목차구성

감정평가의 원칙 · 절차 기출문제 제23회 1번

21 **시장가치 개념의 변천과정을 설명하고, 최근 시장가치 정의의 통계학적 의미를 최종평가가치의 표현방법과 관련하여 설명하시오.** 40점

논점분석

- 논제
- 유형
- 개념어

목차구성

감정평가의 원칙 · 절차 기출문제 제30회 2번

22 시장가치에 대하여 다음의 물음에 답하시오. 30점

1) '성립될 가능성이 가장 많은 가격(the most probable price)'이라는 시장가치의 정의가 있다. 이에 대해 설명하시오. 10점

2) 부동산거래에 있어 '최고가격(highest price)'과 '성립될 가능성이 가장 많은 가격'을 비교 · 설명하시오. 10점

3) 가치이론과 가치추계이론의 관계에 대해 각 학파의 주장내용과 이에 관련된 감정평가방법별 특징을 설명하시오. 10점

논점분석

- 논제
- 유형
- 개념어

목차구성

감정평가의 원칙 · 절차 기출문제 제19회 4번

23 「부동산 가격공시에 관한 법률」의 표준지공시지가를 기준으로 평가한 적정가격과 시장가치, 실거래가격과의 관계를 설명하시오. 10점

논점분석

- 논제
- 유형
- 개념어

목차구성

감정평가의 원칙 · 절차 기출문제 제28회 3번

24 정비사업의 관리처분계획을 수립하기 위한 종후자산 감정평가에 대한 다음 물음에 답하시오. 20점

1) 종후자산 감정평가의 기준가치에 관하여 설명하시오. 10점

2) 종후자산 감정평가의 성격을 감정평가방식과 관련하여 설명하시오. 10점

논점분석

- 논제
- 유형
- 개념어

목차구성

감정평가의 원칙 · 절차 기출문제 제27회 2번

25 **재무보고목적의 감정평가 시 기준가치는 무엇인지 그 개념에 관해 설명하고, 시장가치 기준원칙과의 관계에 관해 설명하시오.** 10점

논점분석

- 논제
- 유형
- 개념어

목차구성

감정평가의 원칙 · 절차 기출문제 제34회 2번

26 기준가치의 중요성에 대하여 설명하고, 택지비 목적의 감정평가서에 기재할 기준가치에 대하여 논하시오. 15점

■▶ 논점분석

- 논제
- 유형
- 개념어

■▶ 목차구성

감정평가의 원칙 · 절차 기출문제 제17회 2번

27 감정평가에 있어 시장가치, 투자가치, 계속기업가치 및 담보가치에 대하여 각각의 개념을 설명하고, 각 가치개념 간의 차이점을 비교한 후, 이를 가격다원론의 관점에서 논하시오. 30점

논점분석

- 논제
- 유형
- 개념어

목차구성

감정평가의 원칙 · 절차 기출문제 제13회 3번

28 **감정평가목적 등에 따라 부동산 가격이 달라질 수 있는지에 대하여 국내 및 외국의 부동산 가격 다원화에 대한 견해 등을 중심으로 논하시오.** 20점

논점분석

- 논제
- 유형
- 개념어

목차구성

감정평가의 원칙 · 절차 기출문제 제30회 3번

29 「감정평가에 관한 규칙」에서 감정평가 시 시장가치기준을 원칙으로 하되, 예외적인 경우 '시장가치 외의 가치'를 인정하고 있다. 그러나 현행 「감정평가에 관한 규칙」에서는 '시장가치 외의 가치'에 대한 유형 등의 구체적인 설명이 없어 이를 보완할 필요성이 있다. 감정평가 시 적용할 수 있는 구체적인 '시장가치 외의 가치'에 대해 설명하시오. 20점

논점분석

- 논제
- 유형
- 개념어

목차구성

감정평가의 원칙 · 절차 기출문제 제21회 3번

30 **특정가격과 한정가격의 개념을 설명하시오.** 5점

■▶ 논점분석

- 논제
- 유형
- 개념어

■▶ 목차구성

감정평가의 원칙 · 절차 기출문제 제19회 1번

31 일괄평가방법과 관련하여, 다음을 논하시오. 40점

(1) 토지 · 건물 일괄평가에 관한 이론적 근거와 평가방법을 논하시오. 10점

(2) 일괄평가된 가격을 필요에 의해 토지 · 건물가격으로 각각 구분할 경우 합리적 배분기준을 논하시오. 10점

(3) 표준주택가격의 평가와 관련하여,

1) 현행 법령상 표준주택가격의 조사평가기준을 설명하시오. 10점

2) 표준주택가격의 일괄평가 시 평가 3방식 적용의 타당성을 논하시오. 10점

논점분석

- 논제
- 유형
- 개념어

목차구성

감정평가의 원칙 · 절차 기출문제 제15회 3번

32 **일괄감정평가, 구분감정평가, 부분감정평가 각각에 대하여 사례를 들어 설명하시오.**

15점

논점분석

- 논제
- 유형
- 개념어

목차구성

감정평가의 원칙 · 절차 기출문제 제31회 4번

33 「감정평가에 관한 규칙」에는 현황기준 원칙과 그 예외를 규정하고 있다. 예외 규정의 내용을 설명하고, 사례를 3개 제시하시오. 10점

논점분석

- 논제
- 유형
- 개념어

목차구성

감정평가의 원칙 · 절차 기출문제 제26회 1번

34 A법인은 토지 200㎡ 및 위 지상에 건축된 연면적 100㎡ 1층 업무용 건물(집합건물이 아님)을 소유하고 있다. 건물은 101호 및 102호로 구획되어 있으며, 101호는 A법인이 사무실로 사용하고 있고 102호는 B에게 임대하고 있다. 다음 물음에 답하시오. 40점

1) A법인이 소유한 위 부동산(토지 및 건물)을 감정평가할 경우 감정평가규칙에 따른 원칙적인 감정평가방법 및 근거, 해당 방법의 적정성을 논하시오. 15점

2) 임차인 C가 101호를 전세로 임차하기로 하였다. C는 전세금액 및 전세권 설정에 참고하기 위하여 101호 건물 50㎡만을 감정평가 의뢰하였다. 본건 평가의 타당성에 관해 설명하시오. 10점

3) A법인은 토지에 저당권을 설정한 이후 건물을 신축하였으나 건물에 대해서는 저당권을 설정하지 않았다. A법인이 이자지급을 연체하자 저당권자가 본건 토지의 임의경매를 신청하였다. 이 경우 토지의 감정평가방법에 관해 설명하시오. 5점

4) 해당 토지의 용적률은 50%이나 주변토지의 용적률은 100%이다. A법인이 용적률 100%를 조건으로 하는 감정평가를 의뢰하였다. 조건부평가에 관해 설명하고 본건의 평가 가능 여부를 검토하시오. 10점

논점분석

- 논제
- 유형
- 개념어

목차구성

감정평가의 원칙 · 절차 기출문제 제12회 4번

35 감정평가 시 가격시점의 필요성을 설명하시오. 10점

논점분석

- 논제
- 유형
- 개념어

목차구성

감정평가의 원칙 · 절차 기출문제 제21회 3번

36 **부동산 가격과 가격시점 간의 관계에 대해 설명하시오.** 10점

논점분석

- 논제
- 유형
- 개념어

목차구성

감정평가의 원칙 · 절차 기출문제 제22회 1번

37 **수익형 부동산의 평가방법에 대해 설명하시오.** 10점

논점분석

- 논제
- 유형
- 개념어

목차구성

감정평가의 원칙 · 절차 기출문제 제25회 1번

38 **리모델링된 부동산에 대해 감정평가 3방식을 적용하여 감정평가할 때 유의할 사항을 설명하시오.** 10점

■▶ 논점분석

- 논제
- 유형
- 개념어

■▶ 목차구성

감정평가의 원칙 · 절차 기출문제 제30회 1번

39 공기업 A는 소지를 신규취득하고 직접 조성비용을 투입하여 택지를 조성한 후, 선분양방식에 의해 주택공급을 진행하려고 하였다. 그러나 「주택 공급에 관한 규칙」의 변경에 따라 후분양방식으로 주택을 공급하려고 한다. 40점

1) 선분양방식으로 진행하려는 시점에서 A사가 조성한 택지의 감정평가방법을 설명하시오. 10점

2) 상기 개발사업을 후분양방식으로 진행하면서 택지에 대한 감정평가를 실시한다고 할 경우, 최유효이용의 관점에서 감정평가방법을 제안하시오. 10점

3) '예상되는 분양대금에서 개발비용을 공제하여 대상획지의 가치를 평가하는 방법'에서 분양대금의 현재가치 산정과 개발비용의 현재가치 산정 시 고려할 점을 설명하시오. 20점

논점분석

- 논제
- 유형
- 개념어

목차구성

감정평가의 원칙 · 절차 기출문제 제25회 2번

40 근린형 쇼핑센터 내 구분점포(「집합건물의 소유 및 관리에 관한 법률」에 의한 상가건물의 구분소유 부분)의 시장가치를 감정평가하려 한다. 인근에 경쟁적인 초대형 쇼핑센터가 입지하여, 대상점포가 소재한 근린형 쇼핑센터의 고객흡인력이 급격히 감소하고 상권이 위축되어 구분점포 거래가 희소하게 된 시장동향을 고려하여 다음 물음에 답하시오. 35점

1) 대상 구분점포의 감정평가에 거래사례비교법을 적용할 경우 감정평가방법의 개요, 적용상 한계 및 수집된 거래사례의 거래조건보정에 대하여 설명하고, 그 밖에 적용 가능한 다른 감정평가방법의 개요 및 적용 시 유의할 사항에 대하여 설명하시오. 25점

2) 적용된 각 감정평가방법에 의한 시산가액 간에 괴리가 발생되었을 경우 시산가액 조정의 의미, 기준 및 재검토할 사항에 대하여 설명하시오. 10점

논점분석

- 논제
- 유형
- 개념어

목차구성

감정평가의 원칙 · 절차 기출문제 제28회 2번

41 시산가액 조정에 관한 다음 물음에 답하시오. 30점

1) 시산가액 조정의 법적 근거에 관하여 설명하시오. 5점

2) 시산가액 조정의 전제와 「감정평가에 관한 규칙」상 물건별 감정평가방법의 규정방식과의 관련성을 논하시오. 15점

3) 시산가액 조정 과정에서 도출된 감정평가액을 표시하는 이론적 방법에 관하여 설명하시오. 10점

■▶ 논점분석

- 논제
- 유형
- 개념어

■▶ 목차구성

감정평가의 원칙 · 절차 기출문제 제32회 2번

42 **감정평가법인등은 감정평가관계법규 및 감정평가 실무기준에서 정하는 감정평가의 절차 및 윤리규정을 준수하여 업무를 행하여야 한다. 감정평가 실무기준상 감정평가의 절차를 설명하시오.** 10점

논점분석

- 논제
- 유형
- 개념어

목차구성

감정평가의 제도 기출문제 제25회 3번

43 감정평가서의 정확성을 점검하고 부실감정평가 등의 도덕적 위험을 예방하기 위해서 평가검토(Appraisal review)가 필요할 수 있다. 평가검토에 대해 설명하시오. 15점

논점분석

- 논제
- 유형
- 개념어

목차구성

감정평가의 제도 기출문제 제34회 3번

44 감정평가법인이 담보목적의 감정평가서를 심사함에 있어 심사하는 감정평가사의 역할에 대하여 설명하시오. 10점

논점분석

- 논제
- 유형
- 개념어

목차구성

감정평가의 제도 기출문제 제32회 4번

45 감정평가심사와 감정평가검토에 대해 비교 · 설명하시오. 10점

논점분석

- 논제
- 유형
- 개념어

목차구성

감정평가의 제도 기출문제 제16회 1번

46 감정평가사의 직업윤리가 요구되는 이론적 · 법률적 근거를 설명하고, 「공익사업을 위한 토지 등의 취득 및 보상에 관한 법률(이하 '토지보상법')」 제68조 제2항의 토지소유자 추천제와 관련하여 동업자 간 지켜야 할 직업윤리의 중요성에 대해 논하시오. 30점

1) 직업윤리가 강조되는 이론적 근거

2) 직업윤리가 강조되는 법률적 근거

3) 공인 · 전문인으로서의 직업윤리

4) 토지소유자 추천제의 의의 및 지켜야 할 직업윤리

논점분석

- 논제
- 유형
- 개념어

목차구성

감정평가의 제도 기출문제 제32회 2번

47 감정평가법인등은 감정평가관계법규 및 감정평가 실무기준에서 정하는 감정평가의 절차 및 윤리규정을 준수하여 업무를 행하여야 한다. 감정평가 실무기준상 감정평가법인등의 윤리를 기본윤리와 업무윤리로 구분하고, 각각의 세부내용에 대해 설명하시오. 20점

논점분석

- 논제
- 유형
- 개념어

목차구성

박문각 감정평가사

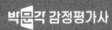

박문각 감정평가사

오성범 진도별로 푸는 감정평가이론

2차 | 기출문제 핸드북

제2판 인쇄 2025. 3. 20. | **제2판 발행** 2025. 3. 25. | **편저자** 오성범
발행인 박 용 | **발행처** (주)박문각출판 | **등록** 2015년 4월 29일 제2019-000137호
주소 06654 서울시 서초구 효령로 283 서경 B/D 4층 | **팩스** (02)584-2927
전화 교재 문의 (02)6466-7202

저자와의
협의하에
인지생략

정가 10,000원
ISBN 979-11-7262-570-2

MEMO